# #dubist

Patricia Welsh

Bibliografische Information der Deutschen Nationalbibliothek:
Die Deutsche Nationalbibliothek verzeichnet diese Publikation in der
Deutschen Nationalbibliografie; detaillierte bibliografische Daten sind
im Internet über http://dnb.dnb.de abrufbar.

Covergestaltung: Patricia Welsh

Herstellung und Verlag: BoD – Books on Demand, Norderstedt

ISBN: 978-3-756-83561-4

Für M.

Du bist das
Koffein
meines Lebens.

Du bist der
Schmutz
an meinen Schuhen.

Du bist der Vogel,
der den Frühling sucht.

Im nächsten Leben
bin ich der Bussard
und du die Maus.

Du bist der
Pickel,
der nie verschwindet.

Du bist das
Porzellan, das
im Schrank verstaubt.

Du bist die
Hand, die
mich nicht streichelt.

Du bist der
Regen, der
meine Haut einreißt.

Du bist nicht
das Ende.
Du warst
nur der Anfang.

Du bist Zement.
Ich bin Beton.

# Du bist

Du bist der
Herzschlag, der
keinen Atem kennt.

Du bist der
letzte Bissen
auf dem Teller.

Du bist das
Kleidungsstück,
das ich nie
getragen habe.

Ich bin das Eis.
Du bist die Sonne.

Du hast vielleicht
mein Herz,
aber ich
habe immer noch
meine Würde.

Du bist die
Hintergrundmusik
meines Lebens.

Du bist das
Ende
der Nacht.

Ich bin ich,
weil du du bist.

#dubist

Du bist das
Nichts
am Ende des Seins.

Du bist der
einzige Gedanke
meiner
traumlosen Nächte.

Du bist das
tiefste aller
Geständnisse.

# Du bist der Textmarker meines Lebens.

Du bist das
Pflaster
für meine Seele.

Du bist das
Ticket für den
Vergnügungspark.

Du bist der
Wolkenbruch
meines Lebens.

Du bist die Party,
zu der ich nicht
eingeladen bin.

Du bist eine
Randnotiz
meines Lebens.

Du bist
die Tränen
in der Nacht.

# Du bist die unbekannte Variable.

Du bist
jede Farbe des
Regenbogens.

Du bist der
Sand in meinen
Schuhen.

# Du bist der leere Platz neben mir.

Du bist der
Sehnsucht
Spiegelbild.

Du bist das Ladekabel meiner Seele.

Du bist die Wahrheit, die nicht über meine Lippen kommt.

# Du bist der Himmel und die Hölle.

# Du bist der Grabstein meiner tiefsten Gefühle.

Du bist der
Kuchen
in der Theke.

Du bist die
erste Geige.
Und ich bin nicht Teil des Orchesters.

Du bist der Zucker
in meinem Tee.

# Du bist das unvollendete Kapitel.

Du bist der Zug,
der keinen Bahnhof
erreicht.

Du bist meine Hoffnung
auf Morgen.

Du bist der Roman, den ich immer lesen wollte.

Du solltest die Hauptrolle
in meinem Leben
bekommen.
Aber eine Nebenrolle
hat dir gereicht.

Jedes Mal wenn ich
dich sehe,
geht für mich die
Sonne auf.
Jetzt lebe ich in
ewiger Dunkelheit.

# Du bist ...

... einzigartig.

Nicht jeder, dem du in deinem Leben begegnest, wird dich mögen. Und nicht jeder wird dich so behandeln, wie du es verdienst

Ich weiß nur, dass die Menschen, in denen du die intensivsten Gefühle auslöst, seien sie auch negativ, dich am meisten zu schätzen wissen.

Deswegen kann ich auch sagen, dass du die Hölle für mich bist, weil du gleichermaßen auch mein Himmel auf Erden bist.

Ich kann nicht anders, als zu wünschen, dass dein Leben von Liebe erfüllt sein mag - jeden Tag und jede Stunde.

Du bist es wert, geliebt zu werden. Du bist der Sonnenstrahl, der meinen Tag erhellt. Du bist für mich die Hoffnung an einem verregneten Tag. Du bist in meinen Augen wunderschön, auch wenn ich weiß, dass du nicht ohne Makel bist. Du bist für mich so viel mehr, als ich ausdrücken kann.


Du bist der Tag und die Nacht.

# Weitere Bücher von Patricia Welsh

## Liebe und andere Schmerzen

Patricia Welsh schreibt über gebrochene Herzen, Liebeskummer und bittere Tränen. Denn Liebe kann äußerst schmerzhaft sein.

Sie entführt ihre Leser in die Gefühlswelten Liebe, Trauer, Sehnsucht, Verzweiflung und Wut. Sie enthüllt die Qualen einer Liebe, die nicht erwidert wird. Und gibt denen eine Stimme, deren große Liebe nicht gelebt werden kann.

## Es war nur ein Schmetterling

Der Auftakt einer großen Liebesgeschichte.

Prinzessin Lara verliebt sich in einen gutaussehenden Elfen, der ihr das Leben gerettet hat. Doch die Menschen und die Elfen sind seit hunderten von Jahren verfeindet.

Hat ihre Liebe eine Chance?